Лб 41 2198

AU NOM
DE LA RÉPUBLIQUE FRANÇAISE,
UNE ET INDIVISIBLE.

LES REPRÉSENTANS
DU PEUPLE

Près l'Armée des Pyrénées occidentales & les Départemens environans.

INSTRUITS que beaucoup de riches propriétaires, pour éluder la loi qui les force à donner leur froment au prix de quatorze livres le quintal, prennent le parti de changer cette denrée de première nécessité en amidon, objet de luxe dont le prix n'a pas encore été fixé ;

Considérant que dans un temps où une multitude innombrable de défenseurs de la patrie réunis sur plusieurs points, rendent le rassemblement des denrées de première nécessité indispensable & pressant, dans un temps où la malveillance s'agite pour éveiller l'inquiétude du peuple sur ses subsistances ; le crime seul peut concevoir le projet d'enlever à la première destination une denrée qu'il est si difficile, pour ne pas dire impossible, de suppléer ;

Considérant que dans la circonstance où nous nous trouvons, on doit être d'accord avec tous les ennemis de la patrie pour avoir conçu un pareil projet, dont l'exécution seroit un délit national, qu'il faudroit nécessairement punir, & dont l'effet serviroit parfaitement le plan constamment suivi des conspirateurs & des traîtres, de nous affamer ;

Considérant que dans une République qui se constitue, il faut aux vrais républicains, aux amis sincères de la liberté, aux courageux défenseurs de la patrie, du pain & du fer, & non tous ces entours de la frivolité, enfans du vice & de l'oisiveté, qui annoncent l'absence du courage & des vertus, & qui ne sont faits que pour décorer ces héros de ruelle dont l'inutilité & la bassesse font le seul mérite.

ARRÊTENT:

ARTICLE PREMIER.

Il est défendu à tout propriétaire, négociant, marchand ou particulier quelconque, de fabriquer ou faire fabriquer de l'amidon.

II.

Il est également défendu à tous les citoyens, quelle que soit leur profession, importer ou de faire importer dans les départemens ci-dessous désignés, & sous quel prétexte que ce puisse être, aucune espèce d'amidon, soit Étranger, soit Français.

III.

Les particuliers qui au mépris du présent arrêté se permettroient de fabriquer ou faire fabriquer, d'importer ou de faire importer de l'amidon, seront punis, pour la première fois de la confiscation de la denrée & de mille livres d'amende, & pour la seconde fois de la même confiscation, de trois mille livres d'amende & de la réclusion jusqu'à la paix.

IV.

Ceux qui à la première fois se trouveroient dans une impossibilité bien constatée de payer l'amende, en seront dispensés; mais alors ils seront renfermés jusqu'à la paix.

V.

Ceux qui à la seconde fois seront également dans l'impossibilité de satisfaire à l'amende prononcée contr'eux, par l'art. III, en seront pareillement dispensés; mais dans ce cas leur détention se prolongera l'espace d'un an après la paix.

VI.

Les peines portées par les art. III, IV & V, sont communes aux fabricateurs & à celui qui fait fabriquer l'amidon, à celui qui l'importe & à celui qui le fait importer séparément, & solidairement les uns pour les autres quant à ce qui regarde l'amende, de manière que si celui qui fabrique & celui qui fait fabriquer sont découverts, tous les deux, chacun d'eux payera la totalité de l'amende. S'ils sont l'un & l'autre en état de la payer, & dans le cas qu'un des deux fût dans l'impossibilité de le faire, l'autre la payera pour lui, indépendamment de ce qu'il supportera pour son propre compte. Il en sera de même pour celui qui importe & celui qui fait importer.

VII.

Vingt-quatre heures après la publication du présent Arrêté, tous les négocians, marchands ou citoyens quelconques, qui auront dans leurs magasins, boutiques ou maisons, de l'amidon, soit à eux, soit en dépôt, seront tenus d'en aller faire la déclaration à la Municipalité du lieu de leur résidence. Ceux qui ne rempliront pas cette formalité, dans le délai déterminé, ou qui seront convaincus d'avoir fait une fausse déclaration, seront soumis aux peines portées par les articles III, IV & V, en les graduant pour eux comme elles sont graduées dans lesdits articles.

VIII.

Les Municipalités recevront les déclarations ci-dessus sur un registre en papier libre, coté & paraphé; le délai de vingt-quatre heures expiré, elles n'en recevront plus sous quelque prétexte que ce puisse être; & dans la huitaine qui suivra la réception de la déclaration, elles seront tenues de se transporter ou d'envoyer des commissaires chez tous les citoyens dont elles auront reçu les déclarations, pour les vérifier.

IX.

Les citoyens convaincus de n'avoir pas fait la déclaration exigée par l'art. VII & dans le délai déterminé, ou d'en avoir fait une fausse, ainsi que ceux qui fabriquent ou font fabriquer, qui importent ou qui font importer de l'amidon, seront dénoncés par les Municipalités aux Procureurs-Syndics des Districts qui demeurent chargés de les poursuivre devant les tribunaux & de leur faire appliquer les peines portées par le présent arrêté.

X.

Les autorités constituées, chargées de faire exécuter le présent arrête, qui se permettroient la moindre négligence dans son exécution, seront soumises individuellement aux peines qui y sont prononcées, & s'il y avoit de leur part prévarication, à trois années de détention.

XI

Tout citoyen qui dénoncera, soit de la part des individus désignés dans cet arrêté, soit de celle des autorités constituées, des infractions aux dispositions qui y sont contenues, recevra, comme récompense de son amour pour le bien public, la moitié de l'amende qui sera prononcée contre l'individu ou les individus dénoncés.

XII.

Le présent arrêté demeure commun aux départemens du Gers, des Hautes & Basses-Pyrénées, des Landes, de la Gironde, de la Dordogne, de Lot &

Garonne, du Lot & de la Haute-Garonne, & sera envoyé aux Représentans du peuple dans ces divers Départemens.

Bayonne, le 3 octobre 1793, l'an deuxième de la République française, une & indivisible.

J. PINET, ainé.   J. B. B. MONESTIER (du Puy de Dôme.)

Vu l'Arrêté ci-dessus.
Oui & requérant le Procureur-Général-Syndic;
Le Directoire du Département de la Haute-Garonne, arrête qu'il sera transcrit sur ses registres, imprimé sans délai, & envoyé aux Districts & Municipalités de son arrondissement pour y être lu, publié, affiché & exécuté en tout son contenu.

Fait en Directoire ce 12 Octobre 1793, l'an second de la République française, une & indivisible.

LAFONT, Président d'âge; DELHERM; BELLECOUR; SAMBAT; GUIRINGAUD; SARTOR, Administrateurs.

DESCOMBELS, Procureur-Général-Syndic.
BÉGUILLET, Secrétaire-général.

A TOULOUSE,
De l'Imprimerie de P. LALANNE, Maître-ez-Arts, Imprimeur-Libraire, rue St.-Rome, Section 3, N°. 15.

AU NOM
DE LA RÉPUBLIQUE FRANÇAISE.

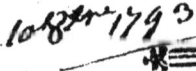

Au Camp de Belchénéa, le 9 Octobre 1793, l'an second de la République Française, une & indivisible.

Au nom de la République Française, une & indivisible.

LES REPRÉSENTANS DU PEUPLE près l'Armée des Pyrénées Occidentales & les Départemens qui forment l'arrondissement de cette Armée ;

AUX CITOYENS ADMINISTRATEURS des Basses-Pyrénées, des Landes, de la Gironde, de la Dordogne, du Lot & Garonne, du Lot, de la Haute-Garonne, du Gers & des Hautes-Pyrénées.

Citoyens Administrateurs, Frères et Amis,

Le besoin de l'armée exige les mesures que nos arrêtés vous présenteront ; la conduite de l'administration principale des vivres & fourrages les commande impérieusement ; notre responsabilité, & plus que cela, notre amour pour la Liberté & l'Égalité, notre affection fraternelle pour les braves défenseurs de la Patrie, le salut public, nous forcent à nous écarter un peu de la marche ordinaire, pour faire exister provisoirement, non un nouvel ordre de choses, mais de nouveaux moyens pour faire marcher promptement, uniformément & fidellement notre machine politique. Les

A

relations de confiance & d'amitié qui existent aujourd'hui entre les administrations régénérées & les Représentans du Peuple régénérateurs, nous font un sûr garant que vous ferez le meilleur usage de la nouvelle portion d'autorité que nous remettons avec plaisir en vos mains. Vous êtes organisés de manière que les citoyens administrés respectent vos vertus, estiment vos talens & chérissent vos qualités personnelles : nous avons la douce expérience de ces faits & de ces conjectures. La chose publique est immanquable, aidée de nos soins & de notre vigilance; vous êtes sûrs de nos principes & de notre force. Allons, braves amis, serrons-nous; ne dormons pas, tous les ennemis de la chose publique mordront la poussière, & ÇA IRA & ÇA TIENDRA.

Salut et Fraternité,

J. B. B. MONESTIER (du Puy-de-Dôme). J. PINET aîné.

Les Représentans du peuple près l'armée des Pyrénées occidentales & Départemens circonvoisins, considérant que rien ne peut & ne doit les intéresser davantage que les subsistances de l'armée près laquelle ils sont attachés; qu'ils ont une grande tâche à remplir à cet effet, puisqu'il s'agit de rétablir l'abondance dans les magasins dénués jusqu'à ce jour;

Voulant remplir le vœu de la loi du 6 du mois dernier, qui les charge spécialement de faire les réquisitions nécessaires pour l'approvisionnement des armées & des places-frontières;

Persuadés qu'il n'y a pas à cet égard un instant à perdre, parce qu'il est important de profiter de la saison où les routes sont faciles & praticables;

Bien convaincus, d'ailleurs, qu'il est important, sous tous les rapports, que les approvisionnemens destinés au service des armées ne soient jamais subordonnés à des événemens incertains, mais, au contraire, toujours abondans & assurés,

Arrêtent, quant à la partie des fourrages, les dispositions ci-après :

Les corps administratifs des départemens du Lot, du Lot & Garonne, de la Haute-Garonne, du Gers, des Hautes & Basses Pyrénées, des Landes, de la Gironde & de la Dordogne mettront en réquisition, à la réception du préfent arrêté, les pailles, foins & avoines qui ne feront pas jugés rigoureufement néceffaires à la nourriture des bêtes de trait & de fomme, employées à la culture des terres ou à quelque fervice public.

Ils feront dreffer dans le plus bref délai & dans chaque municipalité, l'état exact des pailles, foins & avoines jugés difponibles, ainfi qu'il eft dit ci-deffus.

Chaque municipalité enverra dans la huitaine, au directoire du diftrict, le réfultat du travail qu'elle aura fait à cet égard.

Chaque diftrict enverra dans les douze premiers jours qui fuivront la promulgation de cet arrêté, & plutôt fi faire fe peut, au directoire du département, le travail réfultant de celui des municipalités de fon reffort.

Chaque département fera parvenir pour le 1er. novembre au plus tard, terme de rigueur, aux Repréfentans du peuple près l'armée des Pyrénées occidentales & départemens circonvoifins, féant à Bayonne, le travail général qu'il aura fait en conféquence de celui des diftricts.

Il fera paffer de même & pour la même époque, au citoyen Dubreton, commiffaire ordonnateur de l'armée à Bayonne, une ampliation du travail dont il s'agit.

Sans attendre même l'exécution des mefures ci-deffus prefcrites, les municipalités, diftricts & départemens feront raffembler dans les dépôts qui feront jugés convenables, de concert avec les prépofés de l'adminiftration des fourrages, dont il fera queftion ci-après, les pailles, foins & avoines qui pourront être livrés.

Ils expédieront de même fans aucun retard, pour Bayonne, ou les autres points de la frontière qui feront indiqués, foit par les agens principaux de l'adminiftration militaire, foit par les prépofés délégués près les corps adminiftratifs, les pailles, foins & avoines qui feront jugés néceffaires pour le fervice de l'armée.

Néanmoins il fera toujours fait mention de ces expéditions dans le tableau qui doit être envoyé par les départemens pour le premier novembre.

Les fourniffeurs, commiffionnaires, ou foumiffionnaires, qui auroient pris des engagemens antérieurs pour le fervice de l'armée, feront notamment tenus & contraints par les corps adminiftratifs de remplir leurs engagemens au temps préfcrit; les corps adminiftratifs emploieront à cet effet les moyens coactifs qu'ils jugeront convenables.

Les payemens feront faits par les foins des corps administratifs, tant aux particuliers qu'aux fournisseurs, au fur & à mesure des livraisons.

Les prix ne pourront excéder ceux fixés pour chaque denrée par la loi du 6 septembre dernier.

Il sera satisfait à la dépense par les payeurs généraux de chaque département & sur les ordonnances du directoire du département, à charge de remboursement par l'administration des fourrages.

Pour parvenir à l'effectuer sans nul retard, les directoires de département enverront à la fin de chaque mois, au commissaire ordonnateur Dubreton, les bordereaux de payemens qui auront été faits sur leurs mandats.

Ces corps administratifs seront tenus de rassembler & conserver les pièces justificatives à l'appui des payemens, pour en rendre compte à qui de droit & d'après les ordres qui seront donnés.

Le commissaire ordonnateur Dubreton est autorisé par le présent arrêté à faire rétablir par l'administration des fourrages dans la caisse des payeurs, les sommes qu'ils auront avancées.

En cas de défaut de moyens par cette administration, il en préviendra le ministre de la guerre, pour que celui-ci ait à prendre les mesures nécessaires vis-à-vis l'administration des fourrages & la trésorerie.

Les corps administratifs sont en outre chargés d'ordonner & procurer tous les moyens de transport, soit par terre, soit par eau, en se conformant, quant au prix, au paragraphe III du titre 2 de la loi du 6 septembre.

Ils feront à cet effet toutes les réquisitions nécessaires, soit de voitures, soit de bateaux & de bateliers.

Ils commanderont de plus tous les hommes nécessaires pour aider aux chargemens & déchargemens.

Toutes les dépenses résultantes des charrois & transports, des chargemens & déchargemens, seront acquittées de suite, sur les lieux, par les comptables entre les mains desquels les denrées seront versées, en se conformant au taux prescrit par la loi du 6 septembre dernier.

Ils enjoindront aux municipalités & sous leur responsabilité personnelle, de donner assistance, secours & protection pour la facilité des transports dont il s'agit.

Il sera nommé à l'instant même un préposé principal pour être envoyé auprès de chacun des départemens ci-dessus désignés, à l'effet de s'y concerter avec les corps adminiſtratifs pour l'exécution de chacune des meſures conſignées dans cet arrêté, pour en ſuivre les détails, & rendre compte avec exactitude, tant au commiſſaire ordonnateur Dubreton, qu'à l'adminiſtration des fourrages, des ſecours & des reſſources ſur leſquels on peut compter.

Ce prépoſé ſera déſigné & commiſſionné par l'adminiſtration des fourrages. Sa nomination ſera agréée par le commiſſaire ordonnateur, & viſée par les repréſentans du peuple.

Revêtu de ce pouvoir, les directoires de département devront le connoître & faire reconnoître, & lui donner toute aſſiſtance & protection.

Il ne pourra être employé dans chaque département qu'un agent de cette nature; mais il pourra demander des aides au directoire: celui-ci les déſignera & viſera les commiſſions qui leur ſeront données par le prépoſé principal.

Chacun de ces agens particuliers jouira de 300 liv. d'appointemens par mois pour le temps de ſa miſſion.

Il n'aura nulle autre réclamation à faire, mais il ſera ſuſceptible d'obtenir une gratification à la fin du trimeſtre, s'il a rempli ſes devoirs avec zèle, exactitude & dévouement.

La dépenſe réſultante de cet établiſſement d'employés, ſera à la charge de l'adminiſtration des fourrages.

Trois de ces prépoſés particuliers au plus, ſeront employés dans chaque département.

Les repréſentans du peuple près l'armée des pyrénées occidentales & départemens circonvoiſins, attendent des corps adminiſtratifs & de tous les bons citoyens & vrais républicains, un grand empreſſement à concourir au ſuccès d'une meſure d'où peut dépendre l'avantage de nos armes & le triomphe de la liberté & de l'égalité.

Le préſent arrêté ſera affiché dans toutes les municipalités par les ſoins des corps adminiſtratifs.

Fait à Bayonne, le 7 octobre 1793, l'an 2 de la République Françaiſe, une & indiviſible.

Les Repréſentans du Peuple,

J. B. B. MONESTIER (du Puy-de-Dôme.) Jⁿ· PINET ainé.

Les Représentans du peuple près l'Armée des Pyrénées Occidentales & Départemens circonvoisins, bien pénétrés de l'importance du devoir qui leur est prescrit par la loi du 6 septembre dernier, relative aux subsistances & approvisionnemens des Armées ; devoir qui consiste à faire toutes les réquisitions nécessaires pour procurer à leurs frères d'armes, aux braves défenseurs de la patrie, une nourriture suffisante en tout genre ;

Malheureusement convaincus que toutes les mesures prises jusqu'à ce jour, n'ont produit que des résultats très-incertains, ne pouvant compter que très-foiblement sur les ressources étrangères arrivant par la mer, qui, l'année dernière, ont entretenu l'abondance dans les magasins de cette frontière ;

Fermement résolus d'employer tous les moyens qui sont en eux pour rétablir l'abondance dans les magasins de l'Armée, où elle devroit toujours exister ;

Intimement persuadés qu'ils trouveront du zèle & de l'empressement dans tous les corps administratifs des Départemens qui les avoisinent & dans tous les Français mêmes pour remplir la plus sainte des obligations ;

Arrêtent, pour la partie des vivres & subsistances, les dispositions ci-après :

Les corps administratifs des Départemens du Lot, du Lot & Garonne, de la Haute-Garonne, du Gers, des Hautes-Pyrénées, des Basses-Pyrénées des Landes, de la Gironde & de la Dordogne, redoubleront d'activité & de soins pour remplir dans le plus bref délai l'objet de la réquisition des Représentans du Peuple Leyris & Chaudron-Roussau, en date du 21 août dernier, & des lettres subséquentes du Citoyen Garrau, aussi Représentant du Peuple près l'armée des Pyrénées Occidentales.

Ils verseront en conséquence dans les magasins destinés au service de l'armée le contingent pour lequel chacun d'eux se trouve compris dans les réquisitions dont il s'agit, & quelles que soient les modifications précédemment approuvées.

Attendu qu'il ne peut y avoir d'incertitude sur l'exécution de cette mesure indispensable, chacun des Départemens susdits s'empressera de dresser le tableau de la quotité des grains qu'il aura déjà versé & des magasins auxquels ils auront été fournis.

Cet état ou tableau arrêté par le Directoire de Département sera envoyé dans le plus bref délai, & dans huitaine au plus tard, à compter de la date de la promulgation de cet arrêté, au comité des subsistances, formé à cet effet près les Représentans de l'Armée des Pyrénées Occidentales & séant à Bayonne.

Provisoirement & sans attendre même l'exécution d'aucune autre mesure, tous les départemens ci-dessus dénommés feront expédier pour Bayonne, & par toutes les voies qu'ils jugeront convenables, les grains déjà rassemblés en vertu des réquisitions ci-dessus.

La plus grande diligence leur est recommandée à cet égard, & certainement ils sentiront la nécessité de profiter de la saison où les routes sont encore faciles & praticables. Les Départemens bien convaincus sans doute qu'une armée déjà forte de 35 mille hommes au moins & qui doit s'augmenter journellement, nécessite des approvisionnemens en grains très-considérables, se prépareront dès cet instant à doubler & tripler même leur premier contingent, à faire du moins tous leurs efforts pour concourir, autant que le pays pourra le permettre, aux rassemblemens des grains nécessaires.

A cet effet & sans compter l'objet de la première réquisition, les neuf Départemens ci-après désignés fourniront ; sçavoir :

QUINTAUX.

Le Lot	10,000	Les Basses-Pyrénées	8000
Le Lot & Garonne	10,000	Les Landes	12,000
La Haute-Garonne	25,000	La Gironde	10,000
Le Gers	30,000	La Dordogne	10,000
Les Hautes-Pyrénées	12,000		

Il ne leur est prescrit aucune mesure particulière à cet égard, mais il n'est point de soins, de précautions, d'activité & de vigilance qu'ils ne doivent employer. Sur cette base repose le succès de nos armes, & par conséquent le triomphe de la Liberté & de l'Égalité.

De quinzaine en quinzaine les directoires de département enverront au comité des subsistances ci-dessus indiqué, le résumé de leur travail, accompagné de l'état de situation des magasins du département.

Ils tiendront particulièrement la main à ce que les fournisseurs, commissionnaires, ou soumissionnaires, qui auroient pris des engagemens antérieurs pour le service de l'armée, les rempliffent au temps prescrit. Ils emploieront pour les y contraindre les moyens qu'ils jugeront convenables.

Ils feront de même exécuter soigneusement la loi du 9 août, relative aux grains provenant des affermes des biens nationaux.

Ils feront usage aussi, suivant que les circonstances le permettront, des magasins provenant des contributions en nature de grains.

Le payement de tous les grains fournis & livrés feront faits par les soins des corps administratifs, tant aux particuliers qu'aux fournisseurs, au fur & à mesure des livraisons.

Les prix ne pourront excéder ceux fixés par la loi du 6 septembre dernier.

Il sera satisfait à la dépense par les payeurs généraux de chaque département & sur les ordonnances du directoire du département, à charge de remboursement par l'administration des vivres.

Pour parvenir à l'effectuer sans nul retard, les directoires de département enverront à la fin de chaque mois, au commissaire ordonnateur Dubreton à Bayonne, les bordereaux de payemens qui auront été faits sur leurs mandats.

Ces corps administratifs seront tenus de rassembler & conserver les pièces justificatives à l'appui des payemens, pour en rendre compte à qui de droit & d'après les ordres qui seront donnés.

Le commissaire ordonnateur Dubreton est autorisé par le présent arrêté à faire rétablir par l'administration des vivres, dans la caisse des payeurs, les sommes qu'ils auront avancées.

En cas de défaut de moyens par cette administration, il en préviendra le ministre de la guerre, pour que celui-ci ait à prendre les mesures nécessaires vis-à-vis l'administration des vivres & la trésorerie.

Les corps administratifs sont en outre chargés d'ordonner & procurer tous les moyens de transport, soit par terre, soit par eau, en se conformant, quant au prix, au paragraphe III du titre II de la loi du 6 septembre.

Ils feront à cet effet toutes les réquisitions nécessaires, soit de voitures, soit de bateaux & de bateliers.

Ils commanderont de plus tous les hommes nécessaires pour aider aux chargemens & déchargemens.

Toutes les dépenses résultantes des charrois & transports, des chargemens & déchargemens, seront acquittées de suite, sur les lieux, par les compta-

bles

bles, entre les mains defquels les denrées feront verfées, en fe conformant au taux prefcrit par la loi du 6 feptembre dernier.

Les départemens enjoindront aux municipalités & fous leur refponfabilité perfonnelle, de donner affiftance, fecours & protection pour la facilité des tranfports dont il s'agit.

Il fera nommé à l'inftant même un prépofé principal pour être envoyé auprès de chacun des départemens ci-deffus défignés, à l'effet de s'y concerter avec les corps adminiftratifs pour l'exécution de chacune des mefures confignées dans cet arrêté, pour en fuivre les détails & rendre compte avec exactitude, tant au commiffaire ordonnateur Dubreton, qu'à l'adminiftration des vivres, des fecours & des reffources fur lefquels on peut compter.

Ce prépofé fera défigné & commiffionné par l'adminiftration des vivres. Sa nomination fera agréée par le commiffaire ordonnateur, & vifée par les repréfentans du peuple.

Revêtu de ce pouvoir, les directoires de département devront le connoître & faire reconnoître, & lui donner toute affiftance & protection.

Il ne pourra être employé dans chaque département qu'un agent de cette nature; mais il pourra demander des aides aux directoires : ceux-ci les défigneront & viferont les commiffions qui leur feront données par le prépofé principal.

Chacun de ces agens particuliers jouira de 300 liv. d'appointemens par mois, pour le temps de fa miffion.

Il n'aura nulle autre réclamation à faire, mais il fera fufceptible d'obtenir une gratification à la fin du trimeftre, s'il a rempli fes devoirs avec zèle, exactitude & dévouement.

La dépenfe réfultante de cet établiffement d'employés, fera à la charge de l'adminiftration des vivres.

Trois de ces prépofés particuliers au plus, feront employés dans chaque département.

Les repréfentans du peuple auprès de l'armée des Pyrénées Occidentales & départemens circonvoifins, ne font aucune invitation particulière aux corps adminiftratifs; ils font véritablement perfuadés, qu'ainfi que tous les bons citoyens & vrais amis de la chofe publique, ces corps adminiftratifs fe pénétreront de la néceffité de prendre, dès ce moment, de grandes mefures pour des approvifionnemens qui ne peuvent être que très-confidérables : ne pas faire de grands efforts en pareille circonſtance, ce feroit compromettre la Liberté & l'Égalité que nous avons acquiſes & pour leſquelles nous devons tous combattre & nous rallier.

Le préſent arrêté ſera affiché dans toutes les municipalités par les ſoins des corps adminiſtratifs.

Fait à Bayonne, le 10 Octobre 1793, l'an ſecond de la République Françaiſe, une & indiviſible.

Les Repréſentans du peuple,

J. B. B. MONESTIER (du Puy-de-Dôme). J'. PINET aîné.

Vu les deux arrêtés ci-deſſus ; oüi le Procureur-Général-Syndic :

Le Directoire du Département de la Haute-Garonne arrête, qu'ils ſeront imprimés ſans délai, & envoyés aux Diſtricts & Municipalités, pour être lus, publiés & affichés, & exécutés en tout ce qu'ils contiennent. Fait à Toulouſe, le cinquième jour du ſecond mois de l'an ſecond de la République Françaiſe.

LAFONT, Préſident d'âge.

GUIRINGAUD, SARTOR, BLANC, DELHERM, PICQUIÉ, SAMBAT, *Adminiſtrateurs* ; DESCOMBELS, Procureur-Général-Syndic.

BEGUILLET, *Secrétaire-général.*

A TOULOUSE,

De l'Imprimerie de la Veuve DOULADOURE, rue Saint-Rome.

AU NOM DE LA RÉPUBLIQUE FRANÇAISE, UNE ET INDIVISIBLE.

LES REPRÉSENTANS DU PEUPLE

Près l'Armée des Pyrénées occidentales & les Départemens circonvoisins.

INFORMÉS que la malveillance, le crime, ainsi qu'une négligence coupable de quelques Agens, ont fait perdre aux magasins de l'Armée une quantité considérable d'Avoine, si nécessaire dans ce moment d'urgence.

Informés de même que ces Avoines ont été livrées par les Conducteurs & Charretiers aux Aubergistes & Cabaretiers situés sur les grandes routes & sur les rivieres navigables, tant en payemens des dépenses que ces Agens infidelles auroient fait sur la route, que pour se procurer un profit illicite & punissable.

Considérant que ces Avoines ont été prises sur des approvisionnemens appartenans à la République & destinés au service de l'Armée,

ARRÊTENT,

Que dans le plus bref délai les Départemens du Lot, de Lot & Garonne, de Haute-Garonne, du Gers, des

Hautes-Pyrénées, des Basses-Pyrénées, des Landes, de la Gironde, & de la Dordogne, enjoindront aux Municipalités de leur reſſort de nommer, à l'inſtant même, des Commiſſaires pour viſiter, avec l'aſſiſtance d'un Gendarme, les maiſons, magaſins & lieux de dépôt appartenant, tant dans les Villes que ſur les grandes routes & les rivieres navigables, aux Aubergiſtes & Cabaretiers qui ſont dans l'uſage de recevoir & loger les Conducteurs, Voituriers & Charretiers chargés du tranſport des Grains, Farines, Avoines, & autres denrées de cette nature, deſtinées au ſervice des Armées.

Ces Officiers municipaux ſont autoriſés à confiſquer, au profit de la République tout ce qui leur paroîtroit, après s'être aſſurés de l'exactitude des faits, avoir été ſouſtrait aux approviſionnemens de l'Armée; ils feront dépoſer de ſuite les Avoines confiſquées dans les magaſins de la République.

Ils feront connoître enſuite aux Repréſentans du Peuple, les plus à portée, les Citoyens coupables de ce délit.

Fait à Bayonne, le 10 octobre 1793, l'an deuxieme de la République Françaiſe, une & indiviſible.

J. B. B. MONESTIER (du Puy-de-Dôme.)

Js. PINET, ainé.

Vu l'Arrêté ci-deſſus.

Ouï & requérant le Procureur-Général-Syndic.

Le Directoire du Département de la Haute-Garonne

arrête qu'il sera imprimé sur-le-champ & envoyé aux Districts & Municipalités pour être lu, publié & affiché & exécuté en tout son contenu.

Fait en Directoire, le neuvieme jour de la troisieme décade de l'an second de la République.

LAFONT, Président d'âge ; GUIRINGAUD ; SARTOR ; PICQUIÉ ; DELHERM ; BLANC ; SAMBAT ; DESCOMBELS, Procureur-Général-Syndic.

BEGUILLET, Secrétaire-général.

A TOULOUSE,
De l'Imprimerie de P. LALANNE, Maître-ez-Arts ; Imprimeur-Libraire, rue St.-Rome, Section 3, N°. 15.

AU NOM DE LA RÉPUBLIQUE FRANÇAISE, UNE ET INDIVISIBLE.

Les Représentans du Peuple J. PINET *aîné*, J. B. B. MONESTIER (du Puy-de-Dôme), *GARRAU & DARTIGOEYTE*, *près l'armée des Pyrénées occidentales & les Départemens qui en forment l'arrondissement*; *savoir* : *la Gironde*, *les Landes*, *les Basses-Pyrénées*, *les Hautes-Pyrénées*, *le Gers*, *la Haute-Garonne*, *le Lot & Garonne*, *le Lot & la Dordogne*,

Aux Citoyens Administrés & Administrateurs de ces mêmes Départemens.

CITOYENS, FRÈRES ET AMIS,

C'EST un devoir sacré pour les Représentans du peuple auprès des Armées & des Départemens, de veiller avec un zèle infatigable à l'exécution la plus ponctuelle, la plus intelligente & la plus prompte, des Loix & des Décrets.

Sans cette mesure, les loix les plus salutaires deviennent infructueuses ; elles deviennent même, très-souvent, nuisibles. Dans les jours de crise, dans les temps de révolution, les Commissaires du Corps législatif doivent, par la connoissance des localités, d'après les mœurs des naturels du pays qu'ils visitent, préparer ces mêmes Loix ; & par de sages Arrêtés, pris par mesure de sûreté générale, ils doivent souvent prévenir les Décrets. S'ils ne s'élèvent pas à cette hauteur, le peuple, qui les a chargés de son salut, peut légitimement les accuser, ou d'infidélité, ou d'incapacité.

Citoyens, Frères & amis, convaincus de la sainteté de ces principes, nous croyons devoir profiter des crimes déjà commis par les ennemis de la chose publique, & des fautes faites contre lui-même, par un peuple vertueux, mais peu éclairé ; par un peuple courageux, mais très enclin à la confiance, à l'indulgence même, pour déjouer les projets perfidement combinés par les malveillans, & pour faire échapper une portion de ce bon peuple aux précipices profonds dans lesquels ses nouveaux ennemis

A

cherchent à le plonger. Or, nous vous le disons franchement, Républicains Sans-culottes, la circulation du numéraire en or & en argent vous nuit infiniment. Elle vous porte, de la part des agioteurs & des accapareurs, un préjudice incalculable ; elle vous expose à des surprises & à des séductions ; elle vous compromet souvent contre le vœu de la loi, & la lumière ne vous arrive que lorsque la peine vous atteint. Au contraire, le malheureux, le perfide qui vous a ainsi placé sous le glaive de la loi, jouit tranquillement du fruit de ses opérations mercantilles, & se rit intérieurement, sinon de la peine qui vous est infligée, du moins de l'adresse homicide avec laquelle il échappe lui-même.

Les Espagnols, ces vils esclaves d'un despote couronné, ces imbécilles fanatiques, courbés sous le joug de fer de la scélérate Inquisition ; ces hommes, orgueilleux à outrance, oisifs avec scandale, lâches & furibonds tout-à-la-fois, eh bien ! ces Espagnols, qui se croient chargés de la vengeance d'un Dieu que nous n'avons pas offensé ; d'un Roi méchant & parjure, que nous avons pardonné trop souvent & engraissé trop long-temps : oui, ces Espagnols se permettent de vous insulter, de vous supposer même des sentimens inciviques & des affections anti-républicaines pour cet or & pour ce malheureux argent. Ils espèrent corrompre vos pères, vos époux, vos enfans & vos frères, avec ce même métal, si méprisable en lui-même ; ils espèrent attirer vos braves frères d'armes sous les étendards du stupide & superstitieux *Charles Bourbon*, notre ennemi naturel, (hors même de la coalition des Rois,) en offrant à ces généreux défenseurs de la République une & indivisible, de l'or & de l'argent, pour déserter les drapeaux de la liberté & de l'égalité ; ils osent, dans les Écrits grossiers, mais incendiaires, qu'ils font parvenir quelquefois dans nos camps, avilir & calomnier la monnoie nationale des Français, les assignats républicains ; comme s'ils ignoroient que ce papier a une base plus solide que tous les revenus de leur Roi catholique ; que les mines du Brésil, du Pérou & du Potosi ; que les banques de Londres & d'Amsterdam, que les trônes même de tous les monstres couronnés de l'Europe ; comme s'ils ignoroient que notre papier a pour hypothèque, non-seulement les biens immenses acquis par vos Législateurs, au profit de la Nation, mais encore tout le territoire de la République, & les biens individuels de chaque républicain Français ; comme s'ils ignoroient qu'un coup de foudre, parti de *la Montagne*, peut fondre toutes les mines de leur métal corrupteur ; comme s'ils ignoroient que le moindre gravier détaché de *la Montagne*, peut & doit écraser tous les trônes ; comme s'ils ignoroient que les banques de Londres n'ont de fondement que sur une confiance idéale, & sur des opérations & des virements de parties ; comme s'ils ignoroient que toutes les banques de Hollande n'ont point de cautionnement territorial, & sont exposées à tous les genres d'envahissement dans l'ordre des combinaisons physiques, morales & politiques. Citoyens Républicains, apprenons donc à nos ennemis de l'extérieur, & aux traîtres qui intriguent encore dans notre sein, apprenons-leur que nous méprisons leur or & leur argent ; que nous avons rompu pour toujours nos anciennes habitudes ; que notre Religion nouvelle, d'accord avec celle de nos pères, nous enseigne de marquer du sceau de l'ignominie, l'aristocratie des riches, comme celle des Rois, & celle des marchands, vendeurs insolens dans le temple, après avoir été de vils agioteurs & accapareurs dans le secret des maisons; comme celle des Prêtres & des gens de chicane : apprenons-leur que, sous le chaume, rechauffés par nos caresses réciproques & fraternelles, vêtus d'une bure modeste, vivans des alimens les plus communs, pour nous ménager les moyens de prodiguer à nos jeunes héros le froment le plus pur, les bœufs les plus gras, les eaux-de-vie les plus liquoreuses, les vêtemens les plus complets : apprenons-leur ô mes Amis, que des Spartiates, des Républicains Français n'ont que faire d'or & d'argent pour vivre heureux, que du pain & du fer leur suffisent pour venger leur liberté & maintenir la sainte égalité.

Ce sont vos sentimens, vertueux Républicains : nous n'en avons jamais douté : nous nous en sommes rendus plus sûrs encore, par les discussions que nous avons souvent ouvert dans les séances publiques des administrations & des Sociétés populaires répandues sur la surface des divers Départemens que nous avons parcouru & visité : Lectoure, Auch, Mirande, Tarbes, Bagnères-Adour, Pau, Bayonne, St. Jean-de-Luz, Mont-de-Marsan, St. Sever, Tartas, &c., par-tout il a demeuré pour constant que la suppression du numéraire en or & en argent, ne pouvoit nuire qu'aux spéculations mercantiles & liberticides des vils agioteurs, des infames accapareurs ; par-tout il a demeuré pour constant que la non-circulation du numéraire en or & en argent, devoit déjouer les projets homicides de ces hommes qui font exister la détresse au milieu de l'abondance, & qui se servent de nos richesses territoriales & industrielles, pour nous plonger dans la misère & dans la nudité; par-tout il a demeuré pour constant que la non-circulation de l'or & de l'argent, ne laissera plus aux malveillans & aux traîtres les moyens d'entretenir cette bande de brigands émigrés, ni de solder, à fantaisie, cette horde d'espions intérieurs qui, ligués avec les corrupteurs de l'esprit public, entretiennent les troubles de la Vendée, & amènent l'évacuation de nos places & de nos ports ; par-tout enfin, il a demeuré pour constant que la suppression de cet or & de cet argent en circulation, aura le grand avantage de ne plus exposer les bons habitans des campagnes à enfreindre, presque malgré leur inclination, presque sans s'en appercevoir, toujours contre leur véritable intérêt, & au profit seul de leurs plus cruels ennemis, souvent même avec le danger imminent de perdre une partie de leur fortune, leur liberté & leur réputation, les Loix salutaires portées sur les assignats pour sauver la Patrie.

Citoyens, cette mesure si convenable à des jours de révolution, combinée avec la taxe de toutes les denrées de première nécessité, doit faire disparoître ce balancement impolitique de deux monoies dans un même gouvernement ; elle doit ramener l'abondance & la confiance. Déjà nos Collègues l'ont employé avec succès dans les dix Départemens qui forment l'arrondissement naturel de l'armée des Pyrénées orientales; bientôt, sans doute, la Convention nationale connoîtra, sur ce point, le vœu bien prononcé de tous les francs Républicains, & le besoin des bons Sans-culottes ; bientôt le Comité de salut public dira qu'il ne faut pas, après avoir démonétisé certains assignats pour cela seul qu'ils présentoient l'effigie hideuse du Tyran, laisser en circulation un numéraire frappé à la même image ; déjà nous, auprès de l'armée des Pyrénées occidentales, ne pouvons plus supporter de voir vendre à un brave soldat une grappe de raisin, jusqu'à *quinze sous* en papier tandis qu'on la céderoit pour *un sou* en numéraire : déjà nous, dans les Départemens qui avoisinent cette armée, ne pouvons plus souffrir de voir un pauvre Sans-culottes, un mince marchand d'herbes & de légumes, atteints par le glaive de la loi, pour avoir proposé deux prix sur la place publique, tandis qu'un avide négociant commet impunément le même crime dans son comptoir, où sa ruse le rend imprenable comme dans un fort.

Après en avoir délibéré, & par les considérations que nous venons de développer nous arrêtons ce qui suit ;

Article Premier.

La circulation du numéraire en or & en argent, quelqu'empreinte qu'il porte, au coin de quelque gouvernement qu'il soit frappé, demeure interdite, à dater du jour qui suivra immédiatement la publication & affiche du présent Arrêté.

Art. II.

Les Citoyens qui possèdent ce vil numéraire, pourront, 1.°, l'échanger contre des assignats républicains, à la Trésorerie nationale, & chez les Payeurs généraux de chaque Département ; 2.° en acquitter leurs annuités, pour acquisition de biens nationaux, leurs contributions, lorsque la loi n'exige pas qu'ils les payent en grains ; 3.° en payer les acquisitions qu'ils pourront faire dans les biens des émigrés ; 4.° les vendre à des orfèvres ou argentiers, qui se conformeront aux clauses qui seront exprimées plus bas.

Art. III.

Pour faciliter les appoints dans les acquittemens des divers marchés ou conventions ; pour faciliter aux Citoyens indigens qui forment presque, dans les grandes Commune, la masse des meilleurs patriotes & des vrais républicains, la monoie de billon continuera d'être mise en cours & en circulation.

Art. IV.

Pour ôter aux hommes avides, qu'aucune loi ne restreint assez, & aux indigens, que le besoin extrême force quelquefois les moyens de faire encore évanouir le numéraire, la Convention nationale sera invitée de faire exister du papier-monnoie de la valeur de *trois sous* ; cette fraction est une de celles qui reçoivent le plus d'emploi dans l'approvisionnement des comestibles les plus utiles dans le ménage des Citoyens peu fortunés.

Art. V.

Les orfèvres ou argentiers ouvriront, dès la publication de cet arêté ; un registre qui contiendra, 1.° le nom, l'origine, le domicile, le sexe l'âge la profession du Citoyen qui leur aura vendu du numéraire en or ou en argent ; 2.° la qualité, la valeur du numéraire, le poids de ce numéraire : 3.° le prix auquel ils l'auront payé par chaque marc, le nombre & la qualité des assignats républicains qu'ils auront donné ; 4.° la date précise de cet échange ; 5.° l'emploi en ouvrage, qu'ils en auront fait.

ART. VI.

Tous les Citoyens qui ne se seront pas débarrassés de leur numéraire le premier décembre prochain, qu'on comptera le onze du troisième mois de l'an second de la république française, seront censés accapareurs, rebelles aux loix & aux mesures révolutionnaires de leur pays, & punis comme tels.

ART. VII.

Tous les orfévres & argentiers qui ne produiroient pas, au premier janvier, le registre dont est parlé ci-dessus, & l'emploi du numéraire par eux acquis, ou en ouvrage, ou en lingots, seront aussi réputés accapareurs, & punis comme tels.

ART. VIII.

Les corps administratifs & les comités de surveillance demeurent chargés de l'exécution du présent Arrêté, chacun aussi sous la responsabilité individuelle de chacun de ses membres. En conséquence, chacun de ces Corps administratifs & comités demeurent autorisés & requis de faire de visites domiciliaires pour l'objet du numéraire, comme pour les grains & autres denrées qu'il est défendu d'accaparer.

ART. IX.

Quoique la monnoie de billon demeure en circulation, son accaparement n'en seroit pas moins un crime politique, & un acte d'homicide. En conséquence il sera fait, de distance en distance, des visites domiciliaires chez les caissiers & receveurs de la république, ainsi que chez les Fournisseurs, Approvisionneurs & Préposés aux besoins des armées, par les Administrations de Département ou de District, ces Agens de la République ne devant se réserver du billon que pour l'usage propre de leur maison, & leur caisse ne devant être d'ailleurs soumise qu'à la vérification des autorités supérieures ; chez les Négocians, Banquiers, Marchands en détail, Propriétaires de domaines, ou Fermiers, enfin, chez tous les autres Citoyens ; ces visites seront faites par les Municipalités & Comités de surveillance.

C'est à la justice, à la sagesse & à l'impartialité des membres en majorité absolue des Municipalités & des Comités de surveillance, à fixer la somme de billon qui seroit réputée accaparement, chez les Citoyens soumis, pour cet objet, à leur vigilance.

ART. X.

Cet Arrêté sera imprimé, publié & affiché, à la diligence du procureur-général-syndic du Département des Landes. Ce Fonctionnaire public, sur le zéle & le civisme duquel une longue expérience nous permet de nous en reposer, ainsi que sur celui de ses Collegues dans cette Administration, le fera parvenir aux Precureurs-généraux-syndics des huit autres Départemens, avec invitation de lui donner la même publicité, d'en suivre rigoureusement l'exécution, & de nous en accuser la réception à Bayonne.

FAIT à Mont-de-Marsan, Chef-lieu du Département des Landes, le vingt-quatrième jour du premier mois de l'an second de la République Française, une & indivisible.

J. PINET,   J. B. B. MONESTIER,   GARRAU,
aîné.   (du Puy-de-Dôme.)   DARTIGOEYTE.

pour copie conforme,

ARNAUD, *Secrétaire.*

EXTRAIT DES REGISTRES DU CONSEIL GÉNÉRAL
du Département des Landes.

Du premier jour du second mois de l'an second de la république Française, une & indivisible.

Séance publique & permanente du soir.

LE Conseil général, après avoir entendu la lecture de l'Arrêté ci-joint :

Sur le réquisitoire du Procureur - Général - Syndic,

ARRÊTE qu'il sera sur-le-champ imprimé, pour être envoyé & publié dans toutes les Communes de Département.

DÉLIBÉRÉ en Conseil général du Département, à Mont-de-Marsan.

PICOLE, *Président d'âge.*

DARIBAUDE, *Secr. gén.*

Pour copie conforme.

DULAMON, *Secrétaire-général, adjoint.*

Vu l'Arrêté ci-dessus.

Ouï & requérant le Procureur-Général-Syndic :

Le Directoire du Département de la Haute-Garonne arrête qu'il sera imprimé sur-le-champ & envoyé aux Districts & Municipalités pour être lu, publié & affiché & exécuté en tout son contenu.

Fait en Directoire, le dixième jour du 2e. mois de l'an second de la République.

LAFONT, Président d'âge ; GUIRINGAUD ; SARTOR ; PICQUIÉ ; DELHERM ; BLANC ; SAMBAT ; DESCOMBELS, Procureur-Général-Syndic.

BEGUILLET, Secrétaire-général.

A TOULOUSE,

De l'Imprimerie de P. LALANNE, Maître-ez-Arts Imprimeur-Libraire, rue St.-Rome, Section 3, n°. 15.

www.ingramcontent.com/pod-product-compliance
Lightning Source LLC
Chambersburg PA
CBHW060919050426
42453CB00010B/1809